Bibliographic information published by the German National Library:

The German National Library lists this publication in the National Bibliography; detailed bibliographic data are available on the Internet at http://dnb.dnb.de .

Imprint:

Copyright © 2015 GRIN Verlag, Open Publishing GmbH
Print and binding: Books on Demand GmbH, Norderstedt Germany
ISBN: 978-3-668-06494-2

This book at GRIN:

http://www.grin.com/es/e-book/307464/patrimonio-cultural-e-identidad-argumentos-teoricos

Enaidy Reynosa Navarro

Patrimonio cultural e identidad. Argumentos teóricos

GRIN Publishing

GRIN - Your knowledge has value

Since its foundation in 1998, GRIN has specialized in publishing academic texts by students, college teachers and other academics as e-book and printed book. The website www.grin.com is an ideal platform for presenting term papers, final papers, scientific essays, dissertations and specialist books.

Visit us on the internet:

http://www.grin.com/

http://www.facebook.com/grincom

http://www.twitter.com/grin_com

Patrimonio cultural e identidad. Argumentos teóricos

Dr. Enaidy Reynosa Navarro
Universidad César Vallejo, Perú
2015

Resumen

El presente artículo argumenta los bienes que conforman el patrimonio cultural, explica cómo se expresa el mismo a nivel sociocultural y su importancia tanto para generaciones actuales y futuras. Explica la relación dialéctica entre patrimonio cultural, identidad y tradiciones culturales. Aborda el carácter sociocultural de la identidad cultural, la forma en que se expresa a nivel personal y comunitario, así como su importancia para la conservación de nuestra cultura. Por último, explica al carácter dinámico de la identidad cultural, así como los factores socioculturales que la condicionan.

Palabras clave: patrimonio cultural, identidad cultural

Introducción

En el contexto internacional actual, el patrimonio cultural y la identidad, cada vez cobran mayor vigencia. Ambos son vitales para la conservación, disfrute y sostenibilidad de las tradiciones y bienes socioculturales. También porque son temáticas que, aunque estudiadas continuamente en el ámbito académico y científico, merecen ser retomadas todo el tiempo.

Otro elemento es que, tanto el patrimonio cultural como la identidad, son atributos socioculturales vulnerables, amenazados la globalización de la cultura que, como se sabe, es un fenómeno que amenaza las identidades nacionales en detrimento de sus elementos más autóctonos e impone modelos enajenantes que socavan las singularidad cultural de cada región y con ello, limita la preservación y conservación de la memoria histórica de los pueblos. Situación que ha dado al traste con la pérdida de importantes bienes y tradiciones culturales.

Patrimonio cultural

Definir patrimonio cultural, pareciera tarea fácil, mas no es así. Es un concepto que engloba las creaciones socioculturales de mayor relevancia, o sea, aquellas manifestaciones y/o creaciones socioculturales que, por su excepcionalidad, sobresalen con respecto a otras. Sin embargo, antes de continuar hilvanando este debate, se impone referirse al papel que ha desempeñado la Conferencia General de la Organización de las Naciones Unidas para la Educación, la Ciencia y la Cultura (Unesco) en este sentido a través de la identificación, protección y preservación del patrimonio cultural y natural de todo el mundo.

De acuerdo con lo fundamentado en la *Convención sobre la protección del patrimonio mundial, cultural y natural* (Unesco en 1972), problemas relacionados con la "evolución de la vida social y económica", "el deterioro o la desaparición de un bien del patrimonio cultural y natural", "la insuficiencia de los recursos económicos, científicos y técnicos" para el rescate y la salvaguarda de los bienes patrimoniales, así como la inexistencia de "un sistema eficaz de protección colectiva del patrimonio cultural y natural de valor excepcional", hicieron repensar y reflexionar a toda la intelectualidad internacional entorno a la importancia sociocultural del patrimonio cultural mundial. Allí se agrupó, en documento único, los conceptos de protección de la naturaleza con la preservación de los sitios culturales. Sirvió, además, para definir el concepto de patrimonio de la humanidad en dos vertientes fundamentales: cultural y natural.

Patrimonio cultural:

- los monumentos: obras arquitectónicas, de escultura o de pintura monumentales, elementos o estructuras de carácter arqueológico, inscripciones, cavernas y grupos de elementos, que tengan un valor universal excepcional desde el punto de vista de la historia, del arte o de la ciencia,
- los conjuntos: grupos de construcciones, aisladas o reunidas, cuya arquitectura, unidad e integración en el paisaje les dé un valor universal excepcional desde el punto de vista de la historia, del arte o de la ciencia,
- los lugares: obras del hombre u obras conjuntas del hombre y la naturaleza así como las zonas, incluidos los lugares arqueológicos que tengan un valor universal excepcional desde el punto de vista histórico, estético, etnológico o antropológico.

Aun cuando la Unesco se incline en conservar y/o preservar aquellos bienes que por su exclusividad y/o excepcionalidad histórica y sociocultural deben ser priorizados, es motivo para que las diferentes naciones se sumen en este afán de defender, velar, conservar y proteger estos bienes, además de otros que contengan una significación cultural para las tradiciones culturales, familiares, sociales, etc., aunque no sean reconocidos por la Unesco.

Patrimonio natural:

- los monumentos naturales constituidos por formaciones físicas y biológicas o por grupos de esas formaciones que tengan un valor universal excepcional desde el punto de vista estético o científico,
- las formaciones geológicas y fisiográficas y las zonas estrictamente delimitadas que constituyan el hábitat de especies, animal y vegetal, amenazadas, que tengan un valor universal excepcional desde el punto de vista estético o científico,
- los lugares naturales o las zonas naturales estrictamente delimitadas, que tengan un valor universal excepcional desde el punto de vista de la ciencia, de la conservación o de la belleza natural.

El debate actual sobre el patrimonio cultural, no solo ha ganado un espacio importante en los medios, sino en el escenario sociocultural y político de las naciones, en parte gracias a las acciones de salvaguarda, conservación, socialización y difusión. Las tradicionales referencias teóricas señalan que el patrimonio cultural se podría explicar a partir de dos vertientes fundamentales: patrimonio cultural tangible (material) y patrimonio cultural intangible (inmaterial).

4

De acuerdo con Venturini (2004) el patrimonio cultural "constituye la objetivación de los valores simbólicos que están en la base de la construcción social de la identidad de una comunidad, de un lugar" y "acoge las huellas más significativas del habitar humano". (Citado por Reynosa, 2012, p.18)

El patrimonio cultural está conformado por los bienes culturales que se encuentran en una región determinada y que presentan una importancia histórica, científica, simbólica, estética y natural. Es la herencia recibida por nuestros antepasados, que se expresa a través de testimonios, formas de vida, costumbres y creencias que encontramos día a día en el ámbito sociocultural. Es el legado actual que será objeto de herencia para futuras generaciones.

Arjona (1986) considera que el patrimonio cultural está constituido por "aquellos bienes que son la expresión o el testimonio de la creación humana o de la evolución de la naturaleza, y que tienen especial relevancia en la relación con la arqueología, la prehistoria, la literatura, la educación, el arte, la ciencia y la cultura en general". Este planteamiento revela que el interés y los valores asociados con los bienes patrimoniales, responden a un proceso histórico social concreto que se expresa a través de las manifestaciones culturales, donde el hombre influye directamente a través de las actividades que realiza en su entorno social.

Según Canclini (1999)

El patrimonio cultural expresa la solidaridad que une a quienes comparten un conjunto de bienes y prácticas que los identifica, pero suele ser también un lugar de complicidad social. Las actividades destinadas a definirlo, preservarlo y difundirlo, amparadas por el prestigio histórico y simbólico de los bienes

5

patrimoniales, incurren casi siempre en cierta simulación al pretender que la sociedad no está dividida en clases, etnias y grupos, o al menos que la grandiosidad y el respeto acumulados por estos bienes trascienden esas fracturas sociales. (p.27)

Este autor comprende, además, que

La cuestión del patrimonio ha desbordado a los dos responsables de estas tareas, lo profesionales de la conservación y el Estado. Pese a la enorme importancia que aún tienen la preservación y la defensa, el problema más desafiante es ahora el de los usos sociales del patrimonio. En él es necesario concentrar los mayores esfuerzos de investigación, reconceptualización y política cultural. (p. 22)

Sin embargo, las acciones que conforman la conservación del patrimonio cultural, no siempre son responsabilidad absoluta del Estado y las instituciones socioculturales, en estas acciones tiene un espacio protagónico la comunidad creadora y receptora del patrimonio, así como la formación axiológica conque cuenten estas comunidades.

Venturini (2004) definió el patrimonio como

El conjunto de bienes naturales y culturales que por las características de sus componentes y usos efectivos y potenciales, por su criticidad para los grupos sociales que a través de él se dependen para su desarrollo, por el carácter histórico y la importancia histórica que lo marcan, por la singularidad y/o escasez, posee un valor excepcional a proteger y conservar para su goce actual y futuro y para reafirmar la identidad de las sociedades con él vinculadas, elevando así el de experiencia humana. (p.32)

Estos elementos facilitan una mejor interpretación del patrimonio cultural, sus características y composición; asimismo, las variantes que el autor propone a través de un enfoque sociocultural e histórico que, al mismo tiempo, produce un vínculo inevitable entre promoción, conservación y su resultado intrínseco: (el disfrute del patrimonio cultural a corto, mediano y largo plazos). Permite interpretar la relación de dos elementos vitales dentro del fenómeno del patrimonio: sociedad e identidad. Venturini reconoce la identidad como uno de los pilares fundamentales para conservar la actividad humana en sus distintas épocas y formas.

Finalmente, el patrimonio cultural se ha convertido en una opción estratégica para la promoción internacional del turismo ya que mucha gente no viaja por simple ocio, sino por el placer de encontrarse con los atributos socioculturales más significativos, presentes en sus destinos preferidos. De manera que, muchas urbes, sitios, tradiciones, etc., sirven como pretexto no solo para viajar, sino para que los visitantes comiencen a valorar mejor las riquezas patrimoniales de esos lugares y ser parte del cuidado y preservación de las mismas. Hoy día, existen múltiples brigadas internacionales que comprenden la importancia de conservar el patrimonio cultural y se trasladan de un sitio a otro (dentro y fuera de sus naciones), para realizar acciones voluntarias de rescate y conservación de los bienes que forman parte de patrimonio cultural.

Identidad cultural

Como ocurre con todas las manifestaciones socioculturales, la identidad cultural cambia y evoluciona constantemente, y cada nueva generación tiene la posibilidad de rescatar y enriquecer aquellas tradiciones culturales que se ven amenazadas por el fenómeno de la globalización de la cultura.

La identidad guarda relación directa con las tradiciones, los hábitos y costumbres, los prejuicios y el modo de pensar arraigados en la mentalidad del pueblo, expresadas en la ideología de clases (Citado por Reynosa, 2007, p.11). Asimismo, existe una relación que vincula identidad y tradición, así como el rol de la conciencia y la subconsciencia del individuo, la creación artística y la preservación del patrimonio cultural.

Marta Arjona planteaba que "la conciencia de reconocerse históricamente en su propio entorno físico y social crea el carácter activo de la identidad cultural, por la acción de conservación y renovación que se genera". Asimismo, reconocía que "el patrimonio cultural se enriquecía por nuevos acercamientos de la colectividad a los objetos de su historia. Lo que ayer no parecía contener un mensaje cultural, hoy es descubierto y valorado con insistencia". (Citado por Aruca, 2005)

En este orden, Abranches (1988) expone otra dimensión de la identidad cultural al argumentar que "cuando los hombres de hoy se encuentran con hombres del pasado y les reconocen los mismos esfuerzos, así como se dan cuenta de las fantásticas conquistas hechas hasta el presente, se identifican de una manera material con el proceso histórico de su sociedad mediante su herencia cultural".

La identidad cultural es un proceso humano de retroalimentación constante basado en la conciencia, es un espacio dialéctico que fusiona la naturaleza, la cultura y la historia de los seres humanos en un mismo crisol. Encierra el sentido de pertenencia de un grupo social en el cual se comparten rasgos culturales, como costumbres, valores y creencias, sin ser un concepto fijo; ya que tiene su connotación fundamental a niveles individual y colectivo y con una influencia clara del exterior.

También, es la expresión máxima de la cultura de los pueblos y la condición cultural que nos permite identificarnos, caracterizarnos y diferenciarnos de otras culturas. Nos permite percibir quiénes somos y cuál es nuestro rol en el desarrollo cultural comunitario. Involucra el entorno, la historia y la voluntad creativa de la persona. También, "se manifiesta a distintos niveles (personal y colectivo) no excluyentes, y de distintas maneras (definidos en particularidades dinámicas y diferenciales, en la imagen de sí, en la búsqueda permanente), pero siempre es una." (Sánchez, 2005, 39)

La identidad parece plantarse hoy como uno de los principios motores de la historia. Es un factor de síntesis viva y original perpetuamente recompensada. Representa cada vez más la condición misma del progreso de los individuos, los grupos, las naciones, ella anima y sostiene la voluntad colectiva, suscita la movilización de los recursos interiores para la acción y transforma el cambio necesario en una adaptación creadora. (Citado por Reynosa, 2012, p.24)

La identidad cultural está cimentada como una de las bases fundamentales para promover y conservar la historia y el patrimonio cultural. Se actualiza sistemáticamente gracias a que el ser humano constantemente está creando obras trascendentales.

Tiene, además, una connotación sociocultural decisiva dentro del proceso de desarrollo social, "es diferenciación hacia fuera y asunción hacia adentro. Existe la identidad cuando un grupo humano se autodefine, pero a la vez es necesario que sea reconocido como tal por los demás" (Laurencio, 2002, 15). "La realización material de la identidad certifica la de la herencia de los pueblos" (Sánchez, 2005, 41). La identidad es cultura y, aunque no llega a todos por igual ni es interpretado de la misma manera por todos, merece empoderamiento social y difusión constante.

9

Del mismo modo, Ubieta (1993) precisó que "la identidad exige su enunciación, ya sea de sí mismo o de un ser –otro que la formule, es un acto de conciencia, pero que expresa una realidad objetiva y subjetiva de carácter histórico más allá de la voluntad del enunciador–".

La identidad cultural cobra un significado educativo cada vez mayor en la sociedad, lo que es motivo para promover actividades educativas que viabilicen la subsistencia de las diferentes tradiciones socioculturales. "La identidad cultural de un pueblo viene definida históricamente a través de múltiples aspectos en los que se plasma su cultura, como la lengua, las relaciones sociales, ritos y ceremonias propias, o los comportamientos colectivos." (González & Varas, 2000, 43, citado en Molano, 2008)

Permite comprender y amar la creación cultural e histórica de las personas. Interpretar las herencias pasadas en un momento dado. No existe la posibilidad del desarrollo cultural comunitario pleno sin que medie un profundo sentimiento de identidad. "La identidad solo es posible y puede manifestarse a partir del patrimonio cultural y su existencia es independiente de su reconocimiento o valoración. El patrimonio y la identidad cultural no son elementos estáticos, sino entidades sujetas a permanentes cambios". (Bákula, 2000, 169, citado por Molano, 2008)

La identidad cultural es dinámica y su desarrollo y sostenibilidad en tiempo depende de múltiples factores (internos y externos) que la condicionan. Está indisolublemente ligada a la historia, la cual no es homogénea. La identidad cultural "no existe sin la memoria, sin elementos simbólicos o referentes. Supone reconocimiento y apropiación de la memoria histórica del pasado. Un pasado que puede ser reconstruido o reinventado, pero que es conocido y apropiado por todos". (Molano, 2008)

Finalmente, la identidad cultural forma parte de ese conjunto de atributos socioculturales que permiten conocer, reconocer, disfrutar, amar y preservar aquellas tradiciones culturales que por sus singularidades merecen ser resaltadas, acatadas por todos y preservadas para el disfrute de generaciones actuales y futuras.

Conclusiones

Todo lo abordado en relación con el patrimonio cultural y la identidad, amerita arribar a las siguientes conclusiones:

- El patrimonio cultural está conformado por los bienes culturales que se encuentran en una región determinada y que presentan una importancia histórica, científica, simbólica, estética y natural.
- Es la herencia recibida por nuestros antepasados, que se expresa a través de testimonios, formas de vida, costumbres y creencias.
- Es el legado cultural (que nos brinda la posibilidad de reencontrarnos con nuestro pasado) herencia para las futuras generaciones.
- El patrimonio es el sello que distingue las características de los pueblos en las distintas regiones y épocas.
- La identidad y las tradiciones son partes inseparables dentro del concepto de patrimonio cultural.
- El patrimonio cultural y la identidad representan a nivel comunitario un proceso de retroalimentación constante.
- La identidad no es un concepto fijo, ya que tiene su connotación fundamental en los diversos contextos socioculturales.
- La identidad cultural es la expresión máxima de la cultura de los pueblos y la condición cultural que nos permite identificarnos, caracterizarnos y diferenciarnos de otras culturas.

- Es la representación de quiénes somos y cuál es nuestra comunidad o nuestra cultura.

- La identidad cultural es dinámica y su desarrollo y sostenibilidad en el tiempo depende de múltiples muchos factores (internos y externos) que la condicionan.

Referencias

Abranches, H. (1988). *Identidad y patrimonio cultural*. La Habana: Editorial Ciencias Sociales.

Arjona, M. (1986). *Patrimonio cultural e identidad*. La Habana: Editorial Letras Cubanas.

Aruca, L. (2006). *Una contribución a nuestro patrimonio cultural*. Recuperado de http://www.lajiribilla.co.cu/2006/n280_09/280_13.html

Canclini, N. (2011). *Los usos sociales del Patrimonio Cultural*. Recuperado de http://bibliotecadigital.academia.cl/bitstream/handle/123456789/617/Nestor%20Garcia%20Canclini.pdf?sequence=1

Laurencio, A. (2002). *La Historia Local de Holguín y su proyección axiológica en la secundaria básica*. (Tesis doctoral). Instituto Superior Pedagógico José de la Luz y Caballero de Holguín. Cuba.

M´bow, A. (1978). "Llamamiento del Director General de la Unesco". *El correo de la Unesco*. (7) 4.

Molano, O. L. (2007). Identidad cultural un concepto que evoluciona. *Revista Opera,* (7) 69-84. Recuperado de http://www.redalyc.org/articulo.oa?id=67500705 Reynosa, E. (2007)

Reynosa, E. (2007). *Factores que afectan la promoción del patrimonio cultural que destina el museo municipal de Moa, a las escuelas primarias del municipio.* (Tesis de licenciatura). Universidad de Holguín, Cuba.

Sánchez, M. (2005). *La gestión municipal del patrimonio cultural urbano en España.* (Tesis doctoral). Universidad de Málaga, España. Recuperado de http://digital.csic.es/bitstream/10261/37618/1/Sanchez_Luque_Maria_Tesis.pdf

Ubieta, E. (1993). *Ensayos de identidad.* La Habana, Cuba. Editorial: Letras Cubanas.

Unesco. (1972). *Convención sobre la protección del patrimonio mundial, cultural y natural.* Recuperado de http://whc.unesco.org/archive/convention-es.pdf

Venturini, E. (s.f). *Utilización turística sustentable de los espacios naturales.* Recuperado de http://nulan.mdp.edu.ar/222/1/Apo1998a2v2pp29-44.pdf

CON GRIN SU CONOCIMIENTOS VALEN MAS

- Publicamos su trabajo académico, tesis y tesina

- Su propio eBook y libro - en todos los comercios importantes del mundo

- Cada venta le sale rentable

Ahora suba en www.GRIN.com
y publique gratis